MEMOIRE

POUR Magdeleine Herbault , Marchande à Orleans , veuve de Jean Dumont.

Gabriël & Jacques Dumont ſes enfans.

Magdelene Danſin , couſine de la Dame Dumont.

Marguerite Aubert , Servante-Domeſtique de la Dame Dumont , tous Apellans de la plainte , permiſſion d'informer , information , decret d'ajournement perſonnel , de tout ce qui a ſuivi , & de la Sentence diffinitive du 25. Janvier 1729. Intimez & Demandeurs.

CONTRE les Syndics des prétendus créanciers de Charles Picard , Tonnelier à Orleans , Intimez , Apellans & Deffendeurs.

LA réputation , le crédit , & la fortune de la Dame Dumont ; dignes & juſtes récompenſes d'une marchande qui a ſoûtenu pendant plus de 30. ans ſon commerce avec toute l'exactitude & la bonne foy que l'on peut deſirer , ont excité la jalouſie de quelques-uns de ſes concitoyens.

Une veuve dont la conduite a toûjours eſté irréprochable , uniquement apliquée à l'éducation de ſes enfans & aux ſoins de ſon commerce , a mérité long-tems l'eſtime & les éloges de ſes voiſins ; mais des alliances contractées à Paris avec d'autres commerçans , ce ſont des crimes qui ne ſe pardonnent pas facilement : deux filles bien élevées , dotées chacune de la ſomme de 30000. liv. mariées à deux Marchands de Paris , de familles anciennes dans le commerce , ſont des eſpeces de larcins , l'on eſtime la préference injuſte , & l'on ſe croit mepriſé & offenſé.

La vengeance d'un tel crime paroîtroit foible , ſi elle s'adreſſoit à la fortune en ménageant l'honneur de la coupable ; & même comme c'eſt un crime de toute la famille , l'on a crû qu'il falloit enveloper dans l'accuſation , la mere , les enfans domiciliez à Orleans , une Parente , ſans oublier la Servante-domeſtique : il ne s'agiſſoit plus que d'en faire naître le prétexte.

Un miſerable Tonnelier de la ville d'Orleans a fait banqueroute ; ſa femme étoit Revendereſſe : elle faiſoit ce commerce avec la nommée Lanoue ; la Dame Dumont leur confioit des marchandiſes pour

A

les vendre , la meilleure partie de ces marchandifes confiées a été per-
duë pour la Dame Dumont : par fes foins & fa vigilance elle eft par-
venuë à fe faire reftituer par la veuve Lanoue une petite partie de fes
marchandifes , tel eft le prétexte dont les ennemis de la Dame Dumont fe font fervi pour l'accufer , elle , fes deux fils , fa parente & fa
fervante d'être complices de la banqueroute du Tonnelier.

Les prétendus créanciers de Picard avoient eftimé d'abord que cette
reftitution d'une petite partie des marchandifes ne pouvoit produire
tout au plus contre la Dame Dumont qu'une action purement civile.
Ils s'étoient rendus parties aux Confuls , où la Dame Dumont pour-
fuivoit la veuve Lanoue pour la faire condamner à la reftitution du fur-
plus des marchandifes , ou au payement de la valeur ; mais guidés par
un efprit de vengeance , ils ont tout à la fois pourfuivi au Civil , aux
Confuls , & au Criminel en la Prevofté d'Orleans.

L'on rendra compte de ces deux procedures incompatibles & des
Sentences renduës dans ces deux differentes jurifdictions.

Aujourd'huy l'affaire feroit purement civile ; la Sentence qui fait
l'objet des apels refpectivement interjettez par la Dame Dumont &
conforts & les Directeurs des créanciers, n'a prononcé que des condamnations pécuniaires contre la Dame Dumont ; il auroit fallu conclure
comme en procès par écrit ; mais la même Sentence prononçant des peines afflictives contre Picard & fa femme , & des condamnations in-
famantes contre la veuve Lanoue & fes deux filles, le procès a été porté
en la Chambre de la Tournelle.

Ceux qui ne font point inftruits de cette affaire ont été furpris
que la Dame Dumont ait refufé les differens accommodemens qui
luy ont été propofez depuis la Sentence dont eft apel ; mais la furprife
ceffera lorfqu'on aura apris la maniere indigne dont elle a été trai-
tée. Les voyes indirectes pratiquées pour la rendre , s'il étoit poffible , criminelle , ou dumoins pour la deshonorer , elle a crû, & avec
raifon , qu'elle devoit méprifer un accommodement qui conferveroit
fa fortune fans réparer fon honneur & fa réputation , qui lui font
infiniment plus chers que fes biens , quoique très legitimement ac-
quis.

F A I T.

La Dame Dumont eft veuve d'un Marchand de la ville d'Orleans, elle
a continué fon commerce & avec fuccès depuis la mort de fon mary.

La veuve Lanoue & Marguerite Salé , femme de Picard, Tonnelier , font deux Revendereffes. Le commerce de ces fortes de gens eft
de prendre des marchandifes chez des Marchands pour les vendre dans
les maifons , & même quelques fois elles vont de Ville en Ville : la
veuve Lanoue & la Picard ont vendu des marchandifes à Blois , ce
fait eft prouvé par une lettre écrite par la veuve Lanoue datée de
Blois , lettre qui a été reconnuë.

Ces deux Revendereffes ont pris differentes marchandifes chez plu-
fieurs marchands de la ville d'Orleans ; mais depuis un temps confi-
derable elles n'en prenoient plus que chez la Dame Dumont ; elles

trouvoient aparemment le magazin mieux fourni , & la récompenſe plus avantageuſe.

Il eſt de notorieté dans la ville d'Orleans que ces deux Revendereſſes n'étoient point en état de payer les marchandiſes qu'elles prenoient chez la Dame Dumont ; elle étoit obligée de les leur confier : lorſqu'elles étoient parvenuës à les vendre & qu'elles rapportoient l'argent, la Dame Dumont leur donnoit un profit que les deux Revendereſſes partageoient.

Par tout le mêtier de Revendereſſe ſe fait de la même maniere.

Pour regler ce commerce entre la Dame Dumont & les deux Revendereſſes , il y avoit un livre double, ſur lequel on écrivoit les marchandiſes confiées aux Revendereſſes , & l'argent de la vente à meſure qu'elles le rapportoient. Si après avoir gardé les marchandiſes & les avoir porté chez leurs connoiſſances elles n'avoient pû parvenir à les vendre , elles les rapportoient , & l'on mettoit à côté de l'article , rendu.

L'un des doubles de ce regiſtre étoit entre les mains de la Dame Dumont , elle l'a produit : l'autre étoit entre les mains de la veuve Lanoue , elle l'avoit repreſenté à l'audiance des Juges Conſuls ; il y a eu Sentence aux Conſuls qui avoit ordonné le dépôt de ce double au Greffe après avoir été paraphé : l'on ne ſçait point comment ni en vertu de quel Jugement ce double a été retiré du Greffe des Conſuls, pour être remis au Jugé de la Prévôté, qui a fait l'inſtruction criminelle ; ce qui eſt certain c'eſt que ce double a été repreſenté à la Dame Dumont & aux autres accuſez lors des interrogatoires.

L'on ne ſçait point encore ſi le double eſt demeuré joint aux charges & informations & ſi les Directeurs des créanciers l'ont fait apporter au Greffe de la Cour ; ce qui eſt certain c'eſt que celuy de la Dame Dumont fait partie de ſa production , & l'on n'a point prétendu devant les premiers Juges que l'un des doubles ne fût pas conforme à l'autre.

Les deux Revendereſſes nanties des marchandiſes confiées, les portoient où bon leur ſembloit, ſans la participation de la Dame Dumont ; ſi elles ne trouvoient pas les perſonnes déterminées à les acheter ; ſoit que l'on ne convint point de prix, ou que l'argent ne fut pas comptant, aux uns elles faiſoient crédit, & elles prioient les autres de les garder comme des entrepôts établis dans differens quartiers de la Ville pour la commodité des Revendereſſes qui n'avoient pas la peine de porter & reporter les marchandiſes, mais qui les trouvoient toutes portées dans le quartier où elles avoient deſſein de vendre.

Ce commerce étoit ſi public & ſi connu dans la ville d'Orleans, que grand nombre de témoins, entendus dans l'information & dans l'enquête, ont dépoſé avoir vû les deux Revendereſſes prendre les marchandiſes chez la Dame Dumont, les porter aux Sr. & Dame Devouges Directeur de la Monnoye , & dans d'autres maiſons, les dépoſitaires de bonne foy , tels que les ſieur & Dame de Launoy , informez par la veuve Lanoue , que les marchandiſes apartenoient à la Dame Dumont , les luy ont renvoyé quoiqu'elle ne les eut point reclamé, ignorant que les ſieur & Dame de Launoy fûſſent dépoſitaires d'une petite portion des marchandiſes.

En 1726. Charles Picard, Tonnelier, avoit fait des marchez avec differens particuliers pour leur fournir en 1727.des poinçons moyennant un certain prix, les uns avoient donné 10. l. à compte ſur le marché. d'autres 20. liv. l'on ne croit pas que le plus fort payement fait à cet Ouvrier à compte des marchez excede 30. liv.

Le prix des bois pour la fabrication des tonneaux a augmenté conſiderablement, l'Ouvrier ſe trouvoit très lezé dans les marchez qu'il avoit fait ; il perdoit trente ſols par chaque poinçon ; il ne crût pas devoir continuer un travail, qui bien loin de nourir l'Ouvrier cauſoit ſa ruine.

Les conjonctures des temps malheureux devoient excuſer cet Ouvrier & fléchir la dureté de ceux qui avoient contracté avec luy ; inutilement il leur a propoſé de partager la perte réelle des marchez, quelques uns ſe ſont pourvûs aux Conſuls & ont obtenu des Sentences qui condamnoient Picard & par corps à livrer les poinçons, ſinon d'en payer la valeur, eu égard au temps que la livraiſon devoit être faite, tels ſont les titres de la plus grande partie des créanciers de Picard : une ſomme de 10. ou 20. liv. payée à compte des marchez, & qu'ils joignent avec l'augmentation ſurvenuë ſur le prix des poinçons ; c'eſt-à-dire, que ſi le poinçon valoit 4. liv. 10. ſ. lors du marché, & qu'il valut 6. ou 6. liv. 10. ſ. ils ont augmenté à la piſtole qu'ils avoient donné d'avance, trente ou 40. ſ. par chaque poinçon ; celuy qui avoit fait marché pour une plus grande quantité de tonneaux, formoit à proportion de l'augmentation de la marchandiſe une créance plus forte.

Les pourſuites de ces particuliers & les condamnations par corps qu'ils avoient obtenuës, ont effrayé cet Ouvrier ; il s'eſt abſenté, il a emporté avec luy le peu d'argent comptant qu'il avoit, ſa vaiſſelle d'argent & quelques meubles.

Marguerite Sallé, femme de Picard, réſoluë de ſuivre ſon mary, voulut rendre juſtice à la veuve Lanoue, avec qui elle faiſoit le commerce de Revendreſſe, elle la fit venir, luy aprit le déſordre des affaires de ſon mary, elle luy fit enlever les marchandiſes qui apartenoient à la Dame Dumont pour les luy reſtituer, la nuit du 16 au 17 Juin 1727. la plus grande partie des marchandiſes dont la femme Picard étoit nantie, furent enlevées par la veuve Lanoue & ſes deux filles.

Si la veuve Lanoue eut été de bonne foy, elle auroit ſans aucun détour, reporté les marchandiſes à la Dame Dumont, non ſeulement celles qui étoient chez la Picard, mais celles qu'elle pouvoit avoir en ſa poſſeſſion, & luy auroit indiqué où le ſurplus avoit été mis, & ceux à qui elles en avoient vendu à crédit, & qui en devoient encore le prix.

La veuve Lanoue s'eſt conduite d'une maniere differente ; elle a enlevé les marchandiſes, elle les a porté chez elle ; enſuite elle les a jetté dans une maiſon voiſine.

La

La Dame Dumont n'étoit point instruite de ce que les deux Revenderesses avoient fait ; mais avertie que Picard s'étoit absenté, & que sa femme l'avoit suivie, elle a presenté sa Requeste aux Consuls dès le 17. Juin 1727.

Par la Requête elle expose qu'elle a confié conjointement à la femme Picard & à la veuve Lanoue deux Courtieres de marchandises, des dantelles, des étoffes & autres marchandises specifiées par ses livres pour luy en procurer la vente, qu'elles en avoient vendües la plus grande partie, sans néanmoins luy avoir remis que de très legeres sommes, qu'elle n'a pû encore parvenir à se faire rendre compte des marchandises, soit en essence ou valeur, qu'elle a eu avis qu'il y avoit encore des marchandises dans leur magazin dont elle avoit interêt d'empêcher la vente & la soustraction : sur cet exposé elle a demandé qu'il luy fut permis de faire assigner Picard & sa femme & la veuve Lanoue, pour le voir condamner solidairement & par corps, de luy payer la somme de 18000. liv. sauf la déduction des sommes qu'elles justifieront luy avoir payé, & cependant de saisir & arrêter tous leurs effets, & notamment ses marchandises en quelques endroits qu'elles ayent été transportées.

En execution de l'Ordonnance, au bas de cette Requête la Dame Dumont a fait saisir & étably garnison chez Picard dès le 17. Juin avant midy, aucun créancier n'a prévenu la Dame Dumont ; Picard & sa femme n'avoient abandonné leur maison que la nuit du 16. au 17. Juin.

La Dame Dumont se proposoit de faire transporter l'Huissier porteur de l'Ordonnance, au domicile de la veuve Lanoüe; elle étoit également comprise dans la Requête : c'est aparement pour prévenir la saisie & revendication que la veuve Lanoüe a été avertir la Dame Dumont, qu'elle avoit une partie de ses marchandises, & qu'elle offroit de les lui restituer.

Les poursuites de la Dame Dumont ne tendoient qu'à se faire restituer ses marchandises en nature, ou d'en avoir la valeur : c'est par cette raison que pendant que l'Huissier procedoit encore à la saisie dans la maison de Picard, la Dame Dumont a esté chez la veuve Lanoüe, persuadée qu'elle étoit que la veuve Lanoüe lui tiendroit parole, & lui restituëroit ses marchandises, elle avoit pris en chemin une porteuse de hotte.

La diligence & la précaution de la Dame Dumont furent inutiles ; la veuve Lanoüe ne voulut point restituer les marchandises en plein jour.

Ce refus étoit fort mysterieux, il étoit tres difficile d'en penetrer la cause, & sans réflechir, l'on condamne la Dame Dumont de n'avoir point fait saisir chez la veuve Lanoüe, en vertu de l'Ordonnance au bas de la Requeste qui lui en avoit accordé la permission ; mais aujourd'huy qu'il est constaté que la veuve Lanoüe avoit détourné les marchandises depuis qu'elle les avoit enlevées de la maison de Picard, qu'elle les avoit jettées dans la maison de Loüis Baugin son voisin. On découvre le motif qui a fait agir la veuve Lanoüe, & l'on est forcé de rendre à la Dame Dumont la justice qui lui est duë sur la conduite qu'elle a tenuë. La saisie & revendication n'auroit produit aucun effet avantageux, puisque les marchandises étoient détournées. Il y avoit nécessité de se soumettre à la volonté de la veuve Lanoüe, c'est ce qui a engagé la Dame Dumont à attendre la restitution promise pendant la nuit. La seule précaution que la Dame Dumont a cru devoir prendre, c'est d'envoyer ses deux fils, sa cousine & sa servante, pour recevoir la restitution à l'heure indiquée par la veuve Lanoüe; c'étoit autant de témoins qui éclairoient la conduite de la veuve Lanoüe & de ses deux filles.

La maniere dont la restitution s'est faite n'a point dépendu de la Dame Dumont ny de ses enfans. Cela est si vrai, qu'elle s'étoit présentée à midi pour la recevoir. Et à l'égard des enfans, ils ont esté obligez de suivre les marchandises que la veuve Lanoüe avoit fait embarquer dans un Bateau par deux Bateliers nommez Lanoüe, pour les conduire dans l'Isle Arvault. C'est-là que la restitution a esté faite d'une portion des marchandises confiées par la Dame Dumont aux deux Revenderesses.

La Dame Dumont maîtresse d'une portion de ses marchandises, n'a point déguisé ses démarches; elle a fait reporter en plein jour ses marchandises dans son magasin.

Il étoit nécessaire de prendre une précaution; c'étoit de constater la quotité & la qualité des marchandises restituées, aussi bien que leur valeur, parce qu'autrement la veuve Lanoüe auroit pû prétendre qu'au moyen de la restitution, elle ne devoit plus rien à la Dame Dumont; c'est par cette raison qu'il a esté dressé une Facture signée de la veuve Lanoüe, qui contient le détail des marchandises restituées, leur qualité, quotité & valeur.

Le prix des marchandises restituées est de 2346. l. 16. s. 7. d. Cette somme reportée sur le Livre double, & jointe aux differens payemens écrits sur le Livre double, la Dame Dumont est encore creanciere de la femme Picard & de la veuve Lanoüe de 12178 liv. 1 sol 3 den.

Il étoit notoire dans la Ville d'Orleans, que la meilleure partie des marchandises confiées par la Dame Dumont, avoit esté portée à l'Hôtel de la Monnoye d'Orleans, & que les Sieur & Dame Devouges n'en avoient point payé le prix; la veuve Lanoüe l'avoit soutenu à l'Audience des Consuls: c'est ce qui avoit donné lieu à une Sentence, qui portoit qu'avant faire droit, la veuve Lanoüe mettroit en cause les Sieur & Dame Devouges.

Jusques icy la veuve Lanoüe étoit tres-disposée à rendre justice à la Dame Dumont; mais réflexion faite sur la demande de la Dame Dumont, qui tendoit à obtenir contr'elle & contre la Picard une condamnation solidaire pour la restitution des marchandises confiées, ou pour en payer la valeur, c'est pour lors que la veuve Lanoüe a changé de langage, & elle a mieux aimé se faire criminelle, en trahissant la verité, que de laisser prononcer contr'elle une condamnation pecuniaire & solidaire en faveur de la Dame Dumont.

Si la veuve Lanoüe avoit eu des deffenses valables pour éviter cette condamnation, elle ne se seroit point portée à de telles extrêmitez; mais ne pouvant valablement contester la demande de la Dame Dumont, elle s'est avoüée complice de la banqueroute de Picard. Les Direc-

rĕurs des Creanciers ont crû qu'ils pouvoient profiter de la mauvaise-
foy de la veuve Lanoüë, pour impliquer la Dame Dumont, ses deux fils,
sa cousine, sa servante dans l'accusation ; que ceux-cy ne pouvoient être
innocens, si l'autre étoit criminelle. Ils se sont flattez que la veuve Lanoüë
sacrifiëroit son honneur à ses interêts, & qu'elle ne pourroit se liberer
envers la Dame Dumont, qu'en accusant la Dame Dumont & sa famille
de complicité.

C'est cette esperance qui a fait entreprendre les deux procedures
monstrueuses, l'une faite aux Consuls, l'autre en la Prevôté d'Orleans :
autrement l'on n'eût jamais entendu parler de la banqueroute d'un Tonnelier d'Orleans, dont la poursuite eût esté oncreuse aux Creanciers.

Les offres du Tonnelier banqueroutier auroient desarmé les Creanciers ; par un Acte signifié aux Directeurs des Creanciers le 21. Juin,
quatre jours après la retraite de Picard, il leur a déclaré qu'imprudem-
ment & à la sollicitation de mauvais Conseils, il s'étoit absenté, & qu'à
l'aide de ses domestiques & des neveux de la veuve Lanoüë, il avoit enlevé ses effets ; que depuis ayant consideré l'état de ses affaires, il a reconnu son erreur. C'est après cet exposé, que par le même Acte il sup-
plie ses Creanciers de lui accorder un sauf conduit, aux offres qu'il faisoit de representer les effets qu'il avoit enlevez, dont il fait la descrip-
tion, comme aussi sa vaisselle d'argent, & neuf Louis d'or de 24 liv.
qu'il avoit dans les poches, & attendu la sincerité de sa déclaration, il
requeroit ses Creanciers, en lui accordant le sauf-conduit, de le réinte-
grer dans sa maison, aux offres qu'il faisoit, non seulement de répre-
senter ses effets, la vaisselle d'argent, son argent comptant, mais encore de travailler pour livrer les poinçons qu'il avoit vendus.

Ces offres satisfaisoient pleinement ses Creanciers, qui n'avoient
point d'autres titres que des marchez pour fournitures de poinçons.
L'Acte n'en supose point d'autres ; & s'il eût esté vrai que Picard eût
esté debiteur de billets lors des offres, la necessité eut encore déterminé
à accepter les offres. Il n'étoit pas permis d'esperer de retirer par le se-
cours de la procedure un party plus avantageux d'un debiteur qui n'a-
voit aucuns biens ; neanmoins ces offres n'ont point esté acceptées : les
Creanciers s'en étoient raportez aux Directeurs. Gueret, Procureur en
la Prevôté d'Orleans, étoit parvenu à se faire nommer Directeur des
Creanciers ; son titre de creance étoit un marché qu'il avoit fait avec
Picard pour quarante-cinq poinçons, à compte de ce marché il avoit
payé une somme modique de 30. liv. les frais faits par ce Procureur sont
liquidez par la Sentence dont est appel à 2042. liv. 7. sols 3. den. non
compris les conclusions, visitation, & coust de la Sentence.

Tout paroît singulier dans cette affaire : la qualité du banqueroutier,
c'est un Tonnelier : la cause de la banqueroute, ce sont des marchez
faits pour fournitures de poinçons, sur lesquels il avoit esté payé quelques sommes modiques. Nul autre creancier n'avoit fait aucune poursuite contre Picard avant la banqueroute déclarée. L'un des Directeurs
est Gueret Procureur, par le marché qu'il avoit fait ; il couroit risque
de perdre une somme modique de 30. liv. encore les offres faites par Picard lui promettoient un dédommagement certain. Cet Ouvrier offroit

de travailler pour livrer les poinçons promis ; les effets , que le debiteur offroit de reprefenter, fa vaiffelle d'argent, neuf Loüis d'or de 24. liv. Ces effets ne feroient point fortis des mains de Gueret, qu'il n'eût efté rembourfé de fes 30. liv. mais au lieu de 30. liv. un executoire de près de 3000. liv. rend la condition d'un Procureur bien plus avantageufe.

Il eft vrai que dans la fuite il a paru deux Creanciers pour des fommes plus importantes ; mais leurs titres font infiniment fufpects : ce font de fimples billets, qui n'ont reçu un caractere d'autenticité, que depuis la banqueroute ouverte.

L'un de ces prétendus Creanciers eft le Sieur Devouges, Directeur de la Monnoye d'Orleans : il s'eft dit porteur de deux billets de Picard, l'un du 23. Juillet 1726. payable à volonté, de la fomme de 4000. livres ; l'autre du 15. Septembre 1726. payable à la Touffaint, de la fomme de 2000. liv.

Il eft fingulier qu'un Directeur de la Monnoye prefte à un Tonnelier une fomme de 6000. liv. fans que rien ne détermine le preft, & il eft encore plus fingulier que le Sieur Devouges, porteur d'un billet de 4000. liv. payable à volonté, prête encore deux mois après, lorfqu'il n'eft point rembourfé des 4000. liv. une autre fomme de 2000. liv. qu'il ftipule payable à la Touffaint.

Picard ne s'eft abfenté que la nuit du 16 au 17. Juin 1727. pendant près d'une année aucunes pourfuites de la part du Sieur Devouges, qui fe dit porteur de deux billets fur un Tonnelier, l'un de 4000. liv. payable à volonté, l'autre de 2000. liv. payable à la Touffaint 1726. Au mois de Juin 1727. les billets ne font point payez, le Sieur Devouges n'avoit fait aucunes pourfuites.

La banqueroute de Picard a efté publique le 17. Juin 1727. par la faifie faite à la requefte de la Dame Dumont, par l'établiffement d'une garnifon, beaucoup de Creanciers pour des marchez faits avec cet Ouvrier, quelques-uns pour fournitures de cercles fe font affemblez le 18. Juin, le Sieur Devouges n'a point paru dans cette premiere affemblée.

Le 21. Juin le Tonnelier banqueroutier fait fignifier un Acte, qui contient des offres ; il ne déclare point qu'il doit au Sieur Devouges deux billets qui montent à 6000. liv. au contraire il foutient fa déclaration fincere, que fes affaires ne font point dérangées, qu'il a dequoy payer avec les effets qu'il offre de reprefenter, fa vaiffelle d'argent, & neuf Louis d'or de 24. liv. il offre de travailler pour fournir les poinçons, y auroit-il eu la moindre apparence de raifon dans les offres de cet Ouvrier, fi en effet il eût efté debiteur de deux billets de 6000. liv ? Auffi jufques là le Sieur Devouges n'avoit point paru. C'eft après que les offres ont efté refufées par Gueret, que le Sieur Devouges comparoît chez le Notaire ; il déclare qu'il aprouve l'Acte confenti pour l'union des Creanciers. Il fe dit creancier feulement d'une fomme de 5000 l. encore il fe trouve cinq jours d'intervale entre les offres de Picard & la déclaration de Devouges.

La banqueroute a efté publiqué le 17. Juin, les offres du banqueroutier font du 21, la déclaration de Devouges chez le Notaire eft du 26. Juin.

Le 28.

Le 28. Juillet, Devouges paroît aux Confuls, là il déclare qu'il eft creancier de 5010. liv.

Les billets font de 6000. liv. Devouges chez le Notaire a declaré qu'il n'étoit créancier que de 5000. liv. aux Confuls, il s'eft dit créancier de 5010. liv. 17. f. il n'a point articulé de payement, & que les billets fuffent endoffez.

Prefque tous les témoins entendus dans l'information ont dépofez qu'ils avoient vû la femme Picard & la veuve Lanoue porter une grande quantité de marchandifes à l'Hôtel des Monnoyes aux fieur & Dame Devouges, cela prouve un débiteur & non pas un créancier. Dans un temps non fufpect lorfque la veuve Lanoue n'avoit point encore conçû le deffein de fe liberer envers la Dame Dumont en fe rendant criminelle, elle a foûtenuë aux Confuls que les fieur & Dame Devouges devoient le prix des marchandifes ; il y a eu fentence le 21. Juin 1727. qui a ordonné que la veuve Lanoue mettroit le fieur Devouges en caufe ; jufques-là il paffoit pour débiteur, & ne s'étoit point encore annoncé créancier, fa declaration devant Notaires eft pofterieure de cinq jours à la Sentence.

Toutes ces circonftances prouvent que cette prétenduë créance du fieur Devouges eft plus que fufpecte.

Les créanciers n'ont point contefté la créance du fieur Devouges, au contraire, ils l'ont élû dans la fuite Directeur, la raifon n'eft pas difficile à-pénetrer ; ils ont eftimé, & avec raifon, qu'il ne paroîtroit pas naturel qu'une affaire auffi immenfe eût été entreprife & foûtenuë par des prétendus créanciers dont l'interêt étoit fi vil & méprifable, des marchez pour des poinçons fur lefquels il avoit été payé par avance 10. liv. ou 30. liv. tout au plus, l'on a crû qu'il étoit important de faire poroître un créancier pour une fomme qui pût mériter attention ; il n'étoit pas poffible d'avoir un titre autentique, l'on a eu recours à des billets, qui felon toutes les apparences n'ont été fabriquez que depuis la banqueroute, & depuis les offres de Picard, car ils n'avoient jamais parû auparavant.

Ce n'eft pas le premier débiteur qui ait fuppofé des créanciers, dans l'efperance de tirer quelque chofe par le moyen de la contribution ; mais dans l'affaire dont il s'agit. tout paroît affecté, car les Directeurs des créanciers avoient obtenu un decret de prife de corps contre Picard & fa femme ; ils fe font bien donnez de garde de le mettre à execution. La veuve Lanoue leur a indiqué par fes interrogatoires le lieu de la retraite de Picard & fa femme, ces éclairciffemens ont été négligez ; ils ont mieux aimé inftruire la contumace, ils ont apréhendé juftement que Picard & fa femme ne découvriffent le complot ; car ce n'eft point à Picard, Tonnelier, ni à fa femme que l'on en veut, c'eft à la Dame Dumont & à fa famille, on veut la perdre d'honneur & de réputation ; l'on en veut à fa fortune, toute l'inftruction n'a été faite que pour parvenir à ce but que l'on s'eft propofé.

L'autre créancier que l'on a fait paroître fur la fcene eft un nommé Poiffon, Marchand, que l'on dit être créancier de 3832. liv. pour

marchandiſes de toile par luy prétendu fournies à la femme de Picard pluſieurs années avant la banqueroute.

Une créance de cette qualité ne méritoit pas d'être négligée; cependant ce prétendu créancier domicilié à Orleans, a gardé le ſilence
depuis le 17. Juin 1727. juſqu'au 31. Aouſt 1728.

La circonſtance qui a fait paroître ce créancier eſt encore ſingu-
liere ; dans le cours de la procedure la Dame Dumont a remarqué
que ſes parties n'étoient créanciers que de Picard ſeulement, elle a
ſoûtenu qu'il falloit diſtinguer le mari de la femme, parce qu'ils faiſoient un commerce ſéparé & qui n'avoit abſolument rien de commun,
que le mary étoit Tonnelier, & la femme Revendereſſe de toiles &
de dentelles ; que ces marchandiſes n'avoient jamais fait la ſûreté des
créanciers du mary, & qu'ils n'avoient ni qualité ni droit d'empêcher
la revendication de ces marchandiſes par celle qui les avoit confié à
la femme de Picard qui n'étoit point obligée envers les créanciers de
ſon mary.

C'eſt pour faire ceſſer ce moyen que l'on a fait paroître le nommé
Poiſſon, qui prétend avoir vendu des marchandiſes de toile à Picard.

Ce créancier qui juſques-là étoit demeuré dans l'inaction, n'a point
de titre, mais l'on prétend qu'il a un regiſtre ſur lequel il y a des
comptes arreſtez par Picard, & ce Marchand a écrit ſur ſon regiſtre
livré à Picard par ſa femme ; tous les articles ſont conçûs de la même
maniere.

L'on n'a pas oſé juſques à preſent faire paroître ce regiſtre en Juſtice ; mais l'on a dreſſé par deffaut un procès verbal de compulſoire
du regiſtre de ce Marchand, procedure nouvelle & par elle-même
très-ſuſpecte.

Il y a lieu de préſumer que ce regiſtre n'a aucune forme, & qu'il
n'eſt nullement exact, ſi l on en croit le procès-verbal de compulſoire
il y auroit des erreurs de calcul qui ſont ſenſibles.

Par exemple, du 9. Juillet 1723. livré à Picard par ſa femme, 4.
aulnes de linon à 4. liv. l'aulne, 25. liv.

Dans le premier arrêté, il eſt dit que les marchandiſes fournies montent à 4296. liv. 15. ſ. les payemens en argent à 856. liv. 8 ſ. reſte
3580. liv. que l'on calcule, l'on trouvera que déduction faite des 856
liv. 8. ſ. ſur 4296. liv. 15. ſ. il ne reſte que 3440. 7. ſ.

Quand un Marchand n'a en ſa faveur que ſes regiſtres, non-ſeule-
ment il faut qu'il les repreſente pour être examinez, s'ils ſont ſuivis
& s'ils ſont exacts ; mais il faut encore qu'il repreſente, non pas un
ſeul regiſtre, mais les ſuivans ; car un regiſtre forme une créance, &
le ſuivant fournit la quittance de la dette ; ce compulſoire ne peut donc
faire préſumer un titre de créance.

C'eſt néanmoins avec le ſecours de ce prétendu créancier que les
Directeurs des créanciers ont ſoûtenu que Picard étoit Tonnelier &
Marchand de toile & de dentelle, & que Poiſſon uni avec eux, la
Dame Dumont ne pouvoit plus faire valoir ſon moyen fondé ſur la
difference du commerce du mary & de la femme.

L'on s'eſt aperçû que l'on conteſtoit une verité trop connuë & avoüée par les Directeurs des créanciers ; l'on a voulu effacer tous les témoignages que l'on avoit rendu à la verité, par exemple, les Directeurs des créanciers avoient fait imprimer un memoire, la verité leur étoit échapée en pluſieurs endroits de ce memoire ; ils avoient qualifié le mary Tonnelier, & la femme Revendereſſe de toile ; ils avoient raiſonné conformément à ces deux differentes qualitez du mary & de la femme qui ſont certaines ; ils ont fait differentes ratures pour effacer le témoignage qu'ils avoient rendu à la verité, & ont ſubſtitué d'autres expreſſions écrites à la main, pour attribuer au mari les deux qualitez de Tonnelier & de Marchand de toiles & de dentelles ; ces ratures & corrections ſont viſibles ; mais malgré ces infidelitez, l'on n'a pû alterer la minute de la plainte & les autres actes qui ont ſuivis, dans leſquels le mary eſt qualifié ſimplement Tonnelier, il n'avoit point d'autre métier, & la femme Revendereſſe de toiles.

L'on a fait faire à Poiſſon, Marchand, un perſonnage abſolument contraire à ſes interêts ; car s'il eût eſté vrai qu'il fût créancier legitime pour fournitures de toiles, il ſe ſeroit réüni à la Dame Dumont comme étant les ſeuls créanciers de la femme contre les créanciers du mary ; il auroit reclamé ſes marchandiſes ſi elles étoient encore extantes, ou il auroit demandé le partage du prix des marchandiſes du commerce particulier de la femme ; mais ce n'eſt point un interêt legitime qui a fait agir ce Marchand ; jaloux de la réputation & du crédit de la Dame Dumont, il a bien voulu aprouver le complot fait contre la Dame Dumont.

Après le récit exact & ſincere des faits qui découvrent l'objet de ce procès conſiderable, quels en ſont les Parties, leurs differens interêts & les motifs qui les ont fait agir, il faut expliquer ſommairement la procedure, & pour éviter la confuſion, l'on diſtinguera la procedure faite aux Conſuls & celle faite en la Prévôté d'Orleans.

Procedure faite en la Juriſdiction des Conſuls d'Orleans.

Le 17. Juin 1725. la Dame Dumont a preſenté ſa Requête aux Conſuls contre Picard & ſa femme, & contre la veuve Lanoue ; elle demandoit la reſtitution de ſes marchandiſes ou la valeur en argent, en vertu de l'Ordonnance ; au bas de cette Requeſte la Dame Dumont a fait aſſigner Picard & ſa femme ; elle a fait ſaiſir dans la maiſon de Picard & ſa femme qui s'eſtoient abſentez, le procès verbal de ſaiſie eſt du 17. Juin avant midy.

La Dame Dumont a differé l'aſſignation de la veuve Lanoue juſques au 19. Juin, parce qu'elle luy avoit promis la reſtitution des marchandiſes ; la reſtitution a été faite le 18. Juin, mais d'une très petite partie des marchandiſes confiées par la Dame Dumont, elle a fait aſſigner la veuve Lanoue par exploit du 19. Juin.

Le 21. Juin il a été rendu deux Sentences.

Par la premiere renduë entre la Dame Dumont, la veuve Lanoue,

Picard & fa femme , il eſt dit que ſur le requis de la veuve Lanoue, & ſans préjudicier aux droits des parties , la veuve Lanoue mettra en cauſe les ſieur & Dame Devouges.

Par la ſeconde renduë entre la Dame Dumont & les Syndics des créanciers qui étoient preſens à l'audiance , on donne acte aux Syndics des créanciers de leur opoſition & intervention , au principal ayant égard à la demande des Syndics des créanciers , il eſt ordonné que l'un des Juges-Conſuls ſe tranſportera en la maiſon de Picard, pour en ſa preſence eſtre fait ouverture de l'armoire & deſcription des effets qui s'y trouveront.

Ces deux Sentences ont eſté executées.

Le 25. Juin la Dame Dumont a demandé que les marchandiſes par elle indiquées & qui s'étoient trouvées chez Picard , luy fuſſent délivrées.

Le 26. Sentence qui avant faire droit permet à la Dame Dumont de faire preuve qu'elle a venduë les marchandiſes à la femme Picard & à la veuve Lanoue comme aſſociées , ſauf à la veuve Lanoue à faire preuve du contraire.

En execution de cette Sentence la Dame Dumont a fait faire une enqueſte compoſée de 14. témoins qui ont dépoſé avoir vû la femme Picard & la veuve Lanoue qui prenoient enſemble des marchandiſes chez la Dame Dumont , les vendoient conjointement & partageoient le profit que la Dame Dumont leur accordoit.

Pour aſſûrer la même verité la Dame Dumont a fait ſignifier copie de la facture du 18. Juin , qui contient la reſtitution d'une petite partie des marchandiſes ; elle avoit encore en ſa faveur le regiſtre double qui regloit le commerce entre la Dame Dumont & les deux Revendereſſes.

Pluſieurs particuliers ont formé de ſemblables demandes en revendication des marchandiſes fournies à Picard pour ſon métier de Tonnelier dont il n'avoit point payé le prix, & qui étoient extantes telles qu'elles avoient eſté livrées.

Il y a différentes Sentences interlocutoires qui leur ont permis de verifier le fait , ceux qui ont prouvé ont obtenu la revendication, les Directeurs des créanciers ne ſont point apelans de ces Sentences.

A l'égard de la Dame Dumont elle a revendiqué differens effets compris dans le procès verbal de ſaiſie des effets trouvez dans la maiſon de Picard , il y avoit une écharpe, un porte-lettres , une bourſe & trois piéces de toile.

Le 26. Juin Sentence contradictoire avec les Syndics des créanciers, qui donne acte à la Dame Dumont , preſente à l'audiance , de la déclaration par elle faite , qu'elle a donné à vendre à la femme Picard l'écharpe, le porte-lettres , une bourſe & trois piéces de toile mentionnez dans le procès-verbal pour le compte de la Dame Dumont qu'elle revendique; en conſequence ſans préjudicier aux droits des parties ; permet à la Dame Dumont de faire reconnoître l'écharpe , porte-lettres & bourſe pour luy apartenir , ſurſeoit à faire droit ſur la demande en revendication des trois piéces de toile , & à la vente demandée

par

par les Directeurs des créanciers , jufqu'après le Jugement de l'inftan-
ce criminelle intentée contre Picard & fa femme complices, fauteurs
& adherans.

L'on a parfaitement compris dès le commencement de la procedure
que la preuve de la proprieté des marchandifes en faveur de la Dame
Dumont, anéantiffoit la témeraire accufation des Directeurs des créanciers, l'on fera voir dans l'établiffement des moyens que la proprieté
de la Dame Dumont eft certaine.

Le 2 Juillet Sentence contradictoire entre la Dame Dumont, la
veuve Lanoue, les fieur & Dame Devouges, il s'agiffoit de la condamnation folidaire que la Dame Dumont demandoit contre la veuve Lanouë, & du payement des marchandifes portées par la femme Picard
& la veuve Lanoue aux fieur & Dame Devouges.

Les Directeurs des Créanciers font encore intervenus dans cette conteftation , ils ont efté reçûs parties intervenantes.

La Sentence déboute la veuve Lanoue de fa demande formée contre
les fieur & Dame Devouges, déboute la Dame Dumont de fa demande
contre la veuve Lanoue.

La même Sentence donne acte de différentes déclarations faites par
la veuve Lanoue, qui pour la plûpart ont efté averées fauffes , celles
qui font véritables , font favorables à la Dame Dumont; on en par-
lera dans l'établiffement des moyens.

Il y a eu auffi des déclarations faites par la Dame Dumont fur les additions que la veuve Lanoue lui a reproché comme ayant efté faites dans
le temps qu'elle lui avoit remis le double du Regiftre qui regloit le
commerce entre la Dame Dumont & les deux Revenderefles ; ces déclarations ne fe trouvent point redigées telles qu'elles ont efté faites :
Ces additions ont efté conftatées ; l'on expliquera en quoy elles confi-
ftent ; l'une eft indifferente, l'autre étoit jufte & neceffaire ; c'eft pourquoy les premiers Juges n'en ont point fait un crime à la Dame Dumont.

Après avoir donné acte de ces différentes déclarations , la Sentence ordonne conformément au requifitoire des Directeurs des Créanciers, que le cahier reprefenté par la veuve Lanoüe, & le compte
de facture reprefenté par la Dame Dumont feront & demeureront dépofez au Greffe , & que les pages du cahier & celles du compte,
feront cotées & paraphées par le Greffier, par la Dame Dumont & la
veuve Lanoue ; c'eft ce qui a efté executé par la veuve Lanoue & par
le Greffier.

La Dame Dumont a interjerté appel de cette Sentence, qui la déboute de fa demande pour obtenir la condamnation folidaire contre
la veuve Lanoue ; elle a obtenu un Arreft de deffenfes: c'eft ce qui fait
la matiere d'une conteftation purement civile pendante en la Grande
Chambre : voilà où s'eft terminé la procedure tenuë aux Confuls, il faut
prefentement rendre compte de la procedure faite en la Prevofté d'Orleans.

Procedure faite en la Prevofté d'Orleans.

Les Créanciers de Picard fe font affemblez le 18 Juin ; par l'acte paffé pardevant Notaires, l'on avoit nommé des Directeurs à qui l'on don-noit pouvoir de pourſuivre.

La Dame Dumont a eſté reçûe dans cette aſſemblée comme créan-cière légitime.

Le ſieur Devouges n'a point comparu dans cette aſſemblée, non plus que le nommé Poiſſon ; Devouges ne s'eſt déclaré Créancier que le 26 Juin 1727. & Poiſſon le 31 Aouſt 1728.

Le 19 Juin les Directeurs des Créanciers ont rendu plainte au Prevôt d'Orleans, la plainte contient neuf faits.

Le premier, que Picard faiſoit un trafic conſiderable de poinçons, & Marguerite Sallé de toiles blanches, que depuis la Touſſaint le mari & la femme préméditent une banqueroute frauduleuſe.

Second fait. Le mari a acheté du Traverſin à credit & vendu à plu-ſieurs Marchands de la Ville d'Orleans une quantité conſiderable de poinçons neufs dont il a reçû le prix comptant, à la charge d'en faire la livraiſon en la preſente ſaiſon.

Troiſième fait. La femme de Picard a fait des emprunts conſiderables de marchandiſes de toiles fines qui avoient eſté vûës dans leurs maiſons dans la journée, & portées dans quelques maiſons particulières du Portereau.

Quatriéme fait. Que le Mardy 17 les mêmes ballots ont eſté portez dans un bâteau, & traverſant la rivière ont eſté voiturez au port du côté de Recouvrance, & enſuite portés dans une ou pluſieurs maiſons de la Ville.

Cinquiéme fait. Que dans la même nuit Picard & ſa femme ont dé-tourné leur vaiſſelle d'argent & d'étain, pluſieurs autres effets, juſqu'aux houſſes de leur lit.

Sixiéme fait. Qu'ils auroient enlevé le ſurplus ſi quelqu'un n'avoit crié au voleur.

Septiéme fait. Que Picard & ſa femme ſe ſont abſentez.

Huitiéme fait. Qu'il y a eu une ſaiſie de ce qui reſtoit faite à la Re-queſte de la Dame Dumont qui a établi garniſon.

Neuviéme fait. Que ce qui a cauſé la ruine de Picard & ſa femme, ce ſont des dépenſes conſiderables, & au-deſſus de leur état & condi-tion.

Sur cette plainte il y a eu permiſſion d'informer & de publier mo-nitoire.

L'information a eſté faite compoſée d'un très grand nombre de té-moins, l'on a obtenu Monitoire, il a eſté publié : mais aparemment que les revelations n'étoient point favorables aux Directeurs des Créanciers; l'on ne croit pas qu'ils les ayent fait joindre.

Sur l'information il y a eu les 21 & 22 Juillet des décrets de priſe de corps contre Picard & ſa femme, & des décrets d'ajournement perſon-nels contre la veuve Lanouë, ſes deux filles, la Dame Dumont, ſes deux fils, Magdelaine Danſin & Marguerite Aubert.

La contumace a eſté inſtruite contre Picard & ſa femme, non pas qu'il n'eût eſté facile de les faire arreſter ; mais les prétendus Créan-ciers ont eſtimé qu'ils auroient plus d'avantage contre la Dame Dumont ſi Picard & ſa femme n'étoient point entendus.

Les autres accufez ont fubi interrogatoire, la Dame Dumont, fes deux fils, fa coufine & la fervante ont protefté de fe pourvoir ; ils ont interjetté appel de la plainte, permiffion d'informer, information, décret d'ajournement perfonnel.

Il y a un premier Arreft qui ordonne que les charges & informations feront aportées, l'Arreft a efté executé, eft intervenu fecond Arreft fur les conclufions de M. le Procureur General, qui les reçoit Apellans, fait deffenfes d'executer les décrets d'ajournemens perfonnels, à la charge néanmoins de fe reprefenter à toutes affignations devant le Prevoft d'Orleans.

L'inftruction a efté continuée, les témoins ont efté recolez, confrontez.

Dans le cours de l'inftruction il eft furvenu deux incidens.

L'un concernoit les differens Greffiers-Commis ; il y en a eu jufqu'à 7. differens, dont l'un étoit parent des parties ; l'autre étoit l'Avocat des Directeurs des Créanciers.

La Dame Dumont s'eft plaint de cette manœuvre, on lui a rendu fur cela une partie de la juftice qui lui étoit dûë, il y a eu Sentence qui a declaré quelques procedures nulles ; mais on a laiffé fubfifter l'inftruction faite par l'Avocat Commis pour Greffier.

L'autre incident a efté occafionné par une reftitution faite par un Preftre d'une partie des effets de Picard & fa femme, cette reftitution myfterieufe a occafionné de longs procès verbaux, l'on a fait reprefenter les effets reftituez aux accufez lors de leur interrogatoire, & profitant du filence du Preftre qui avoit fait la reftitution, l'on a prétendu que la Dame Dumont & fes deux fils étoient les auteurs de la reftitution.

Quoique ce difcours n'eût aucun fondement, il n'étoit pas poffible de le confondre plus promptement & plus folidement qu'en declarant qu'ils confentoient que l'Ecclefiaftique qui avoit fait cette reftitution myfterieufe, nommât celui ou ceux qui l'avoient chargé de faire cette reftitution.

La veuve Lanouë, fes deux filles, la Dame Dumont, fes deux fils, Marguerite Aubert, ont efté interrogez dans la Chambre du Confeil ; à l'égard de Magdelaine Danfin elle étoit abfente.

Le 25 Janvier 1729. Sentence qui condamne Picard & fa femme à eftre pendus, la veuve Lanoüe à eftre blâmée, fes filles admoneftées, la Dame Dumont, fes deux fils, fa coufine, fa fervante, folidairement avec la veuve Lanoüe, fes deux filles, à rapporter aux créanciers 10000 liv. à quoi les Juges eftiment la valeur des effets détournez, & le double d'iceux, la Dame Dumont déclarée déchûë d'y pouvoir rien prétendre, en 1500 liv. d'amende, & en tous les dépens liquidez à 2042 liv. 17 f. 3 d. non compris les conclufions, vifitation & coût de la Sentence.

La Dame Dumont, fes deux fils, fa coufine & fa fervante, ont interjetté appel de cette Sentence.

L'on ne fçait point fi la veuve Lanoüe & fes deux filles ont acquiefcé à la Sentence ; elles n'inftruifent point la Dame Dumont de leurs démarches.

Les Directeurs des Créanciers ne font point encore contents de la Sentence : ils font Apellans, en ce que l'on n'a pas condamné la Dame Dumont & les autres Accufez folidairement & par corps, à leur payer la totalité de leurs créances, interefts & frais, & en 20000 livres de dommages & interefts.

Dans ces fortes d'affaires il eft affez ordinaire de rencontrer des Accufez qui fe défendent par la qualité de la banqueroute dont ils font accufez d'eftre fauteurs, ils entrent dans la difcuffion des malheurs du banqueroutier, & s'efforcent de prouver qu'il eft plus à plaindre qu'à condamner ; & diminuant le crime qui fait le principal objet, ils excufent les complices.

D'autres critiquent la procedure ; s'ils font affez heureux pour en faire prononcer la nullité, par une fuite neceffaire la condamnation fe trouve anéantie.

La Dame Dumont affûrée de fon innocence, n'aura point recours à une pareille défenfe ; elle veut croire Picard coupable : elle n'aprouvera pas néanmoins la dureté de prétendus Créanciers très défavorables, dont les créances font infiniment méprifables, de petits marchez fur lefquels il avoit été payé des à compte d'une ou de deux piftoles, ou au plus 30 liv. d'avoir refufé les offres de cet infortuné Ouvrier, qui leur demandoit un fauf-conduit, & d'eftre réintegré dans fa maifon, aux offres de travailler pour executer les marchez qu'il avoit faits, & de reprefenter les effets qu'il avoit enlevez, fa vaiffelle d'argent, & 9 louis d'or de 24 liv.

Que l'on ne dife point pour excufer Gueret Procureur en la Prevôté d'Orleans, qui eft l'auteur & l'agent de ce procès immenfe, qu'il y a deux Créanciers plus importans, qui étoient Devouges & Poiffon ; l'on a fait voir que ces créances font plus que fufpectes ; mais ces prétendus Créanciers n'avoient point encore paru au 21 Juin 1727. jour des offres de Picard ; l'un n'a paru que le 26 Juin 1727. & l'autre le 31 Aouft 1728.

La Dame Dumont s'en raportera encore à la Cour, fur la queftion de fçavoir fi la femme qui a été obligée de fuivre l'infortune de fon mary, qui faifoit un commerce diftinct & feparé du mary, qui avant de fe retirer avoit donné fes ordres pour la reftitution des marchandifes qui lui avoient été confiées, du moins pour la portion dont elle étoit encore dépofitaire, a merité la peine de mort prononcée par la Sentence.

L'on ne rapellera point encore le moyen propofé en caufe principale par la Dame Dumont, fondé fur la difference des commerces de Picard & fa femme : les Créanciers du mary n'étoient point ceux de la femme : c'eft une diftinction qu'il falloit faire dans l'inftruction, & il fe feroit trouvé que ceux qui étoient parties depuis le 19 Juin 1727. jufqu'au 31 Aouft 1728. ce qui renferme, à peu de chofe près, toute l'inftruction, n'avoient aucune action contre la femme Picard ni contre la Dame Dumont.

Mais il eft des moyens encore plus folides en faveur de la Dame Dumont & de fes co-accufez ; & pour les propofer avec ordre, on les renferme fous quatre propofitions.

La

La premiere, point de délit de la part de la Dame Dumont, ni de ses deux fils, de sa cousine, & de la servante.

La seconde, les crimes imputez à la Dame Dumont la justifient.

La troisiéme, les marchandises restituées par la veuve Lanoüe, apartiennent incontestablement à la Dame Dumont.

La quatriéme, s'il y avoit du doute sur la proprieté des Marchandises, les Directeurs des Créanciers n'avoient qu'une action purement civile contre la Dame Dumont pour les lui faire raporter.

PREUVES DE LA PREMIERE PROPOSITION.

Point de délit de la part de la Dame Dumont, de ses deux fils, sa cousine & sa servante.

Il paroist d'abord étonnant que des Accusez déja condamnez, osent soutenir qu'il n'y a point de délit, mais sans prévention l'on se flatte de le démontrer si solidement, qu'il ne sera pas possible d'en douter.

Si l'on demande aux Directeurs des Créanciers quel est le titre d'accusation, & quels sont les crimes qu'ils imputent à la Dame Dumont, à ses deux fils, à sa cousine, & à la servante, ils ne pourront répondre autrement, qu'ils les accusent d'estre complices, fauteurs & adherans de la banqueroute de Picard & sa femme.

Il faut donc commencer par définir ce que c'est que d'estre fauteur & complice d'une banqueroute, qui sont ceux qui en peuvent estre accusez: nous l'aprenons dans l'article 13. du titre 11. de l'Ordonnance de 1673.

Ceux qui auront aidé ou favorisé la banqueroute frauduleuse, en divertissant les effets, acceptant des transports, ventes ou donations simulées, ou qu'ils sçauront estre en fraude des Créanciers, ou se déclarant Créanciers ne l'étant pas, ou pour plus grande somme que celle qui leur étoit dûë: Voilà toutes les differentes manieres de se rendre complice d'une banqueroute: l'Ordonnance n'en connoist point d'autres.

Dans la peine prononcée par la Sentence dont est apel, les premiers Juges se sont conformez à la disposition de cet article : il faut donc necessairement que l'on prouve que la Dame Dumont a aidé ou favorisé la banqueroute frauduleuse, soit en divertissant les effets, soit en acceptant des transports, ventes ou donations simulées, qu'elle sçavoit être en fraude des Créanciers, ou qu'elle s'étoit dite Créanciere ne l'étant pas, ou pour plus grande somme que celle qui lui étoit dûë, sans cela la Sentence est manifestement injuste ; car il faut estre dans l'un des cas exprimés par la Loy, qui ne prononce la peine que contre ceux qu'elle indique.

L'on ne peut pas dire que la Dame Dumont a aidé ni favorisé la banqueroute de Picard ; elle s'y trouve la plus interessée ; il n'y en a point qui perde plus qu'elle perd.

Le commerce que la Dame Dumont faisoit avec la femme Picard & la veuve Lanoüe, n'a jamais pû déranger les affaires du mari, puisque ces deux Revenderesses, sans rien risquer, sans faire aucunes avances, avoient un gain certain.   E

L'on ne peut reprocher à la Dame Dumont le divertiſſement des effets de Picard ; on ne l'accuſe pas même d'en avoir diverti un ſeul : au contraire c'eſt elle qui comme creanciere la plus intereſſée, a conſervé les effets en faiſant ſaiſir & établiſſant garniſon , avant qu'aucun autre creancier eût veillé à l'intereſt commun.

La Dame Dumont n'a point accepté des tranſports , ni ventes , ni des donations ſimulées en fraude des creanciers ; elle n'a paſſé aucun acte avec Picard & ſa femme , elle n'a fait aucun acte ni aucune convention avec eux.

Il eſt vrai qu'elle s'eſt dite creanciere de Picard & ſa femme ; elle l'eſt en effet : c'eſt une verité avoüée & reconnuë par les creanciers qui ont admis & reçû la Dame Dumont comme creanciere legitime dans leurs aſſemblées , & les Juges dont eſt apel ont été tellement perſuadez de cette verité , que par la Sentence dont eſt apel ils ont prononcé la décheance des creances de la Dame Dumont.

Enfin la Dame Dumont ne s'eſt point dite creanciere pour plus grande ſomme qui lui étoit dûë , puiſqu'elle a déclaré la ſomme à laquelle montoient les marchandiſes qu'elle avoit confiées aux deux Revendereſſes ; elle a déclaré en même temps qu'il falloit déduire ſur les 18000 liv. ce qu'elle avoit reçû ; & calcul fait tant des ſommes payées que des marchandiſes reſtituées , elle a reduit ſa créance en 12178 l. 1 ſ. 3 d. auſſi les Directeurs des creanciers n'ont point ſoutenu en cauſe principale que la Dame Dumont ne fût point creanciere legitime , ni qu'elle ſe fût dite creanciere de ſommes plus conſiderables que celle qui lui étoit dûë.

Il eſt donc vrai que la Dame Dumont n'eſt dans aucun des cas prévûs & exprimez dans l'Ordonnance , & par conſequent elle n'a point merité la peine prononcée par la Sentence.

SECONDE PROPOSITION.

Les crimes imputez à la Dame Dumont la juſtifient.

La preuve de cette ſeconde propoſition va ſervir infiniment à fortifier les preuves de la premiere propoſition.

En matiere criminelle les raiſonnemens des Accuſez ſont ſouvent ſuſpects ; on les revoque en doute tant que l'on n'eſt point aſſûré de la preuve reſultante des charges & informations ; & quoique l'Accuſé déclare qu'il a été inſtruit du ſecret des charges & information par la confrontation des témoins aux Accuſez , & par celle des Accuſez les uns aux autres , néanmoins l'on ne croit point l'Accuſé aſſez ſincere pour relever les faits qui ne lui ſeroient point avantageux , contre leſquels il n'auroit que de foibles réponſes à propoſer , & qui laiſſeroient toujours dans l'eſprit des Juges & dans l'eſtime du public de violens ſoupçons qui ne rétabliroient pas l'honneur de l'Accuſé , & feroient douter de ſon abſolution.

Mais ici il y a une Sentence qui prononce des peines ſeveres , & la Sentence dit pour quoi elles ſont prononcées ; la Sentence commence par déclarer les Accuſez atteints & convaincus ; par conſequent raiſonnant en suivant la Sentence, conformant ses raisonnemens à ce qui est écrit dans la Sentence, il est impossible de se tromper ni de tromper les Juges & le public.

La Sentence declare Picard & sa femme atteints & convaincus de banqueroute frauduleuse, & les condamne par contumace à la mort.

La Sentence declare la veuve Lanoue & ses deux filles atteintes & convaincues d'avoir la nuit précedente la banqueroute frauduleuse de Picard & sa femme détournez & emportez de leur maison de concert avec Picard & sa femme en celle de la veuve Lanoue, plusieurs effets & marchandises apartenans à Picard & sa femme, iceux cachez & jettez par-dessus le mur en la Cour de Loüis Baugin, & retiré lesdits effets & marchandises la nuit suivante pour estre livrez à la Dame Dumont par les mains de Jacques & Gabriel Dumont, ses deux fils, Marguerite Dansin, fille de boutique, & Marguerite Aubert sa domestique.

Tels sont les crimes de la veuve Lanoüe & de ses deux filles : la mere est condamnée à être blâmée, les filles à être admonestées.

Il étoit d'une extrême consequence de sçavoir si la Dame Dumont avoit part à l'enlevement des effets & marchandises : si la veuve Lanoüe & ses deux filles s'étoient conduites par les ordres & par les Conseils de la Dame Dumont. Elles ont esté les unes & les autres interrogées sur cet article à differentes reprises, elles ont toujours répondu que non, qu'elles n'avoient en cela qu'executé les ordres de la Picard, qui avant sa retraite avoit ordonné la restitution des effets & marchandises qui appartenoient à la Dame Dumont.

Le Prevôt d'Orleans ne s'est point encore contenté de ces réponses si précises, & si souvent réiterées, par differentes interpellations tres subtiles, & peut-être trop, il a fait entendre à la veuve Lanoüe, que son interest eût esté de charger la Dame Dumont, qu'autrement elle faciliteroit la condamnation solidaire demandée par la Dame Dumont contre la veuve Lanoüe en qualité d'associée de la Picard dans le métier de Revenderesse. Pourquoy, si vous n'étiez point associée, avez-vous enlevé les marchandises pour les rendre à la Dame Dumont ? C'étoit s'expliquer bien nettement, & faire entendre à l'accusée ce que l'on auroit souhaitté d'elle ; neanmoins cette interpellation maligne n'a servi qu'à assûrer la verité, que la Dame Dumont n'a eu aucune part à l'enlevement des marchandises de la maison de la Picard en celle de la veuve Lanoüe, ny au second recelé commis par la veuve Lanoüe & ses deux filles, en jettant les marchandises par-dessus le mur dans la cour de Loüis Baugin ; aussi la Sentence rend sur cela une justice entiere à la Dame Dumont.

Si la Dame Dumont est innocente : si elle est jugée telle à l'égard de ces recelez & divertissemens, quels sont donc les crimes qui peuvent avoir occasionné les condamnations prononcées par la Sentence dont est appel ? il faut sur cela consulter la Sentence.

Premier crime, pour par les fils Dumont, filles Dansin & Aubert, avoir reçû les marchandises nuitamment, les avoir fait porter sur un Batteau, & fait conduire clandestinement sur l'Isle Arrault, sans les avoir comptées, & fait cacher dans une Loge appartenante à la veuve

Arrault, Blanchisseuse ordinaire de la Dame Dumont.

Ces faits sont personnels à la veuve Lanouë & à ses filles, les marchandises n'ont point esté délivrées aux Sieurs Dumont fils, ny aux filles Danfin & Aubert, dans la maison de la veuve Lanouë, ny dans celle de Loüis Baugin ; c'est la veuve Lanouë qui les a fait porter par deux Batteliers appellez Lanouë, qui sont ses neveux. Les marchandises n'ont esté délivrées que dans l'Isle Arrault, c'est par cette raison que la Sentence ajoûte : Et le lendemain les avoir fait porter en la maison de la veuve Dumont, pour les avoir remis en sa maison, sans les avoir compté ny mesuré : le tout de son autorité, & sans aucune formalité de Justice, ny avoir fait incontinent aucune déclaration, ny lors des Assemblées des Creanciers, ny avant aucunes pourfuites extraordinairement faites.

Il est certain en general, que la personne qui restituë, choisit la maniere d'executer la restitution à laquelle celui qui la reçoit est obligé de se conformer. L'on ne peut icy douter de cette verité ; car il est prouvé par l'aveu de la veuve Lanouë & de ses deux filles, que la Dame Dumont avertie par la de Lanouë, qu'elle étoit dépositaire de ses marchandises, elle a esté dès le 17. Juin à midy chez la veuve Lanouë, avec une femme qui portoit hotte, pour recevoir la restitution de ses marchandises ; la restitution lui fut refusée.

L'on ne peut donc faire un crime à la Dame Dumont sur les circonstances qui ont accompagné la restitution, puisque ces circonstances n'ont point dépendu de la Dame Dumont, & qu'elle s'étoit présentée à midy pour les recevoir.

La précaution que la Dame Dumont a prise d'envoyer ses deux fils, sa fille de boutique & sa servante, pour recevoir la restitution, n'est point criminelle ; au contraire il étoit de la prudence d'assûrer la restitution, en veillant sur la conduite de la veuve Lanouë.

C'est encore une idée singuliere, de faire un crime à la Dame Dumont d'avoir reçû ses marchandises sans aucunes formalitez de Justice ; elle les avoit confiées sans formalitez, elle pouvoit bien les recevoir sans formalitez.

Il se rencontre icy deux circonstances infiniment importantes.

L'une, c'est que la restitution étoit faite par la veuve Lanouë, Revenderesse publique, & à qui la Dame Dumont avoit également confié ses marchandises comme à la Picard.

La qualité de la veuve Lanouë de Revenderesse, n'a point esté contestée par les Directeurs des Creanciers ; elle l'a prise dans tous les Actes de la procedure, & notamment dans les interrogatoires & dans les Sentences des Consuls.

Le fait, que les marchandises avoient esté également confiées à la de Lanouë comme à la Picard, est assûré par les confrontations. Les Sieurs Dumont, la Demoiselle Danfin, & Marguerite Aubert ont soutenu à la de Lanouë, lors des confrontations, qu'elle avoit partagé en leur présence avec la Picard les profits des ventes accordez par la Dame Dumont. La veuve Lanouë & ses deux filles sont précisément convenuës de ce fait.

La consequence qui résulte de ces preuves est bien naturelle ; la
Dame

Dame Dumont a pû recevoir de la veuve Lanoüe Revendereſſe, qui n'étoit point en banqueroute, la reſtitution de ſes marchandiſes, ſans qu'il ait eſté néceſſaire d'obſerver aucunes formalitez de Juſtice.

La ſeconde circonſtance, lors de la reſtitution, les marchandiſes avoient eſté enlevées de la maiſon de la Picard, portées en celle de la veuve Lanoüe, depuis détournées & jettées par-deſſus le mur dans la maiſon de Loüis Baugin; exiger des formalitez de Juſtice, & refuſer d'accepter la reſtitution ſans ces formalitez, c'étoit certainement s'expoſer à perdre les marchandiſes qu'il n'étoit plus au pouvoir de la Dame Dumont de ſaiſir & revendiquer, puiſqu'elles n'étoient plus dans la maiſon de la Picard, ny dans celle de la veuve Lanoüe.

Il étoit donc de l'intérêt de la Dame Dumont, proprietaire des marchandiſes; d'en aſſûrer par ſa prudence la reſtitution, en ſe conformant aux conditions que la veuve Lanoüe exigeoit dans la reſtitution qu'elle faiſoit.

Quand même on ſuppoſeroit pour un moment, que les marchandiſes n'auroient point appartenu à la Dame Dumont, & qu'elles euſſent eſté le gage des Creanciers de Picard & ſa femme, on prouvera dans un inſtant la proprieté de la Dame Dumont; mais abſtraction faite de la proprieté des marchandiſes, il s'enſuivroit que la Dame Dumont par la conduite prudente qu'elle a tenuë, auroit ſauvé le gage des Creanciers, qui autrement auroit eſté perdu. Or dans ce cas-là même la Loy approuve & favoriſe le Creancier, bien loin de le condamner, *ſalvam fecit pignoris cauſam*. La Loy accorde un privilege ſur le gage qu'il a conſervé, cela eſt bien éloigné de la Juriſprudence des Juges d'Orleans, qui d'une action approuvée & récompenſée par la Loy, en font un crime.

Mais la Dame Dumont n'a point déclaré la reſtitution dans les Aſſemblées des Creanciers, ny avant aucunes pourſuites extraordinaires.

Réponſes. La Dame Dumont avoit reçu la reſtitution des marchandiſes de la veuve Lanoüe Revendereſſe, qui n'étoit point obligée envers les Creanciers de Picard & ſa femme, mais uniquement envers la Dame Dumont.

Il n'eſt pas vrai que la Dame Dumont n'ait point manifeſté la reſtitution des marchandiſes avant aucunes pourſuites extraordinaires, & ceci va encore répondre à la circonſtance, que la Dame Dumont a reçu les marchandiſes, ſans les avoir comptées ny meſurées.

Il eſt certain que pour compter & meſurer les marchandiſes, il falloit les tenir & dans un temps & un lieu convenable, & il falloit meſurer & compter en préſence de la veuve Lanoüe, qui avoit fait la reſtitution.

Il n'étoit pas poſſible de faire cette operation à minuit ſur l'Iſle Arrault, la veuve Lanoüe n'étant point préſente; mais auſſi-tôt que les marchandiſes ont eſté dans la maiſon de la Dame Dumont, elle a fait tout ce qui dépendoit d'elle pour obliger la veuve Lanoüe d'y venir pour conſtater avec elle la quantité, quotité & valeur des marchandiſes reſtituées.

L'on n'a pû obliger la veuve Lanoüe à venir chez la Dame Dumont pour cette operation, que le vingt-quatre, c'eſt à dire cinq jours après la reftitution ; encore la veuve Lanoüe a t-elle déclaré aux Confuls lors de la Sentence du deux Juillet, qu'elle y avoit efté contrainte par menaces. Il n'a donc pas efté poffible à la Dame Dumont de mefurer & compter les marchandifes plus promptement.

Le 24. il a efté dreffé une Facture des marchandifes reftituées, qui contient le nombre, la qualité, & le prix des marchandifes. Cette Facture eft fignée de la veuve Lanoüe.

La Dame Dumont a fait fignifier cette Facture, elle l'a répréfentée à l'Audience des Confuls le deux Juillet ; les Directeurs des Creanciers en ont demandé le dépôt au Greffe, il a efté ordonné, il a efté fait ; les decrets d'ajournemens perfonnels décernez contre la Dame Dumont, fes deux fils, fa coufine & fa domeftique, ne font que du 22. Juillet, c'eft à dire vingt jours après le dépôt de la Facture requis par les Directeurs des Creanciers.

L'on fe flatte d'avoir pleinement juftifié la Dame Dumont du premier crime que lui impute la Sentence, fans obmettre une des circonftances écrites dans la Sentence.

Second crime, d'avoir par la Dame Dumont remis en fa maifon des marchandifes fans compte, qui étoient chez les Sieur & Dame de Launoy.

Si cette action eût efté criminelle, les Sieur & Dame de Launoy n'auroient point efté innocens ; car il s'enfuivroit que les Sieur & Dame de Launoy auroient les premiers recellé le petit paquet de marchandifes. Les premiers Juges ont efté perfuadez que les Sieur & Dame de Launoy n'étoient point criminels ; ils n'ont point inftruit ny prononcé aucune condamnation contr'eux, comment fe peut-il faire que la Dame Dumont foit criminelle d'avoir repris une tres-petite portion de fes marchandifes des Sieur & Dame de Launoy, qui ne les avoient ny recellées ny diverties.

Les Sieur & Dame de Launoy ont dépofé que quatre mois avant la déroute de Picard, la veuve Lanoüe avoit efté chez eux leur offrir des marchandifes, qu'elle les pria de garder un paquet, qu'ils n'ont point regardé ce qu'il y avoit dans ce paquet ; qu'après la Saint Jean, fans pouvoir dire le jour, la veuve Lanoue étoit venue reprendre les marchandifes, difant qu'elles appartenoient à la Dame Dumont ; que la Dame Dumont leur avoit renvoyé le paquet ; qu'ils l'ont gardé deux jours, & qu'ils l'ont enfuite renvoyé à la Dame Dumont.

Trois réfléxions prouvent que cette reftitution ne peut eftre criminelle.

La premiere : Les marchandifes dont il s'agit, étoient chez les Sieur & Dame de Launoy quatre mois avant la banqueroute de Picard ; c'eft par confequent un fait étranger à la banqueroute, fuivant le Reglement de 1667. fait pour la Ville de Lyon. On ne foupçonne de fraude que ce qui eft fait dix jours avant la banqueroute publiquement connue ; on ne peut donc foupçonner ce qui avoit efté fait quatre mois auparavant.

La feconde réflexion, le dépôt de ces marchandifes chez les fieur & Dame de Launoy, n'a point efté fait par la Picard, mais par la veuve Lanoue , par confequent les créanciers de Picard n'y avoient aucun droit , nul prétexte de leur part pour réclamer ces marchandifes.

La troifiéme réflexion , les marchandifes ont été reftituées à la Dame Dumont comme à elle apartenantes , fans qu'elle fe foit donné le moindre mouvement pour les obtenir ; informé des mauvais deffeins de fes ennemis , elle avoit mieux aimé perdre ce petit paquet de marchandifes , c'eft ce que les fieur & Dame de Launoy ont attefté , la Dame Dumont leur avoit renvoyé le paquet.

Ce fecond crime eft donc auffi imaginaire que le premier.

Troifiéme crime , d'avoir retenuë la veuve Lanoue & fa fille la nuit du 24 au 25. Juin 1727. luy avoir fait faire une facture de certaines marchandifes depuis la deroute ouverte : la Sentence declare la facture nulle , fauffe en fa date & fubreptivement faite.

Il faut expliquer en quoi confifte la fauffeté imputée à la Dame Dumont.

La facture a efté faite le 24. Juin : elle a efté datée du 18. Juin , parce que c'eft le jour de la reftitution des marchandifes.

Si la date donnée à la facture étoit anterieure à la banqueroute de Picard , pour lors on pourroit fe recrier contre l'anti-date , il fembleroit que l'on auroit voulu furprendre les créanciers ; mais la banqueroute a efté ouverte la nuit du 16. au 17. cette époque eft certaine , elle n'eft point conteftée ; la faifie des effets a efté faite le 17. en la maifon de Picard , & la garnifon eftablie le même jour , par confequent la date du 18. Juin donnée à la facture eft totalement indifferente.

Non feulement cette date eft indifferente , mais elle eftoit neceffaire , & on a dû la donner , puifque c'eftoit le jour de la reftitution des marchandifes.

Si la date du 24. eût efté avantageufe à la Dame Dumont & qu'elle eût en effet daté la facture du 24. on fe feroit récrié contre la date , l'on auroit foûtenu que ce n'eftoit point la veritable date de la reftitution des marchandifes ; l'on a donc eu raifon de dater la facture du jour de la reftitution des marchandifes , c'eft fa veritable date.

Voilà où fe terminent tous les phantômes de crimes dont la Sentence declare la Dame Dumont , fes deux fils , fa coufine & fa domeftique atteints & convaincus , pour peu que l'on réflechiffe fur des faits qui font par eux-mêmes très-innocens , & que des Juges prévenus ont métamorphofez en crimes ; l'on eft effrayé des condamnations prononcées par la Sentence contre la Dame Dumont , fes deux fils , fa coufine & fa domeftique ; l'injuftice eft fi évidente qu'il ne faut pas faire de grands efforts pour renverfer un tel Jugement.

Avant de paffer à l'eftabliffement de la troifiéme propofition , il eft bon de relever une difpofition de la Sentence qui fe trouve envelopée dans les faits exprimez dans la Sentence , c'eft celle qui declare la facture nulle & fubreptivement faite.

La facture eft fignée de la veuve Lanoue , elle forme un efpece de Contrat entre la Dame Dumont & la veuve Lanoue pour conftater la quotité des marchandises restituées , à l'effet de repeter le surplus des marchandises confiées par la Dame Dumont , ou la valeur des marchandises.

Cette demande a esté portée aux Consuls, & jugée par la Sentence du deux Juillet, la Dame Dumont avoit fait signifier la Facture, la Sentence des Consuls a debouté la Dame Dumont de sa demande à l'égard de la veuve Lanoue; la Dame Dumont a interjetté appel de cette Sentence, elle a obtenu Arrêt de deffense. Cet appel fait la matiere d'une instance pendante en la Cour.

Par un attentat à l'autorité de la Cour, les Juges de la Prevôté d'Orleans se sont avisez de prononcer sur une contestation dont ils n'étoient point Juges, & sur laquelle la Cour seule étoit en droit de prononcer.

Ils declarent un Acte nul, les nullitez n'ont point lieu en France, il faut obtenir des Lettres du Prince pour se faire restituer; la veuve Lanoue n'a point reclamé contre l'Acte, elle n'a point obtenu de Lettres, ny conclu à ce qu'elle fût restituée contre l'Acte qu'elle avoit signé.

TROISIE´ME PROPOSITION.

Les Marchandises appartiennent à la Dame Dumont.

Premiere preuve de la proprieté des marchandises resulte de la plainte rendue par les Directeurs des Creanciers.

Après avoir exposé par la plainte, que Picard faisoit un trafic considerable de poinçons, & Marguerite Sallé de Toiles blanches, le troisiéme fait est, que la femme Picard a fait des emprunts considerables de marchandises de Toiles, & que la nuit du 16. au 17. Juin, elle a diverti les ballots de Toiles fines.

Après un tel aveu porté par la piece fondamentale de tout ce procès, qui est la plainte, il faut nécessairement déterminer le Marchand dans Orleans, de qui la femme Picard a fait cet emprunt. Or la Dame Dumont est la seule Marchande dans Orleans, qui soutienne avoir confié des marchandises à la Picard; elle est la seule qui ait reconnu ses marchandises, & qui les ait reclamées : la plainte est donc un titre de proprieté en sa faveur.

L'on dira peut être que le nommé Poisson, qui a paru treize ou quatorze mois après la banqueroute, a prétendu avoir vendu des marchandises de Toiles à Picard. Des ventes ne font point des emprunts, & ces prétendues ventes faites par ce Marchand sont anciennes. Il y en a de 1723. & il y avoit long-temps lors de la banqueroute, que la femme Picard ne prenoit plus de marchandises chez Poisson, elle n'étoit plus en relation avec aucun autre Marchand, que la Dame Dumont.

Seconde preuve : la qualité de Revenderesse donnée à la femme Picard dans le procès, & qualité prise par la veuve Lanoue.

Troisiéme preuve : la déclaration des deux Revenderesses, que les marchandises appartenoient à la Dame Dumont.

La veuve Lanoue l'a déclaré formellement ; & à l'égard de la femme Picard, son procès a esté instruit par contumace ; mais il y a preuve par

les

les informations, qu'elle a déclaré hautement avant sa retraite, que les marchandises appartenoient à la Dame Dumont, & qu'elle les avoit fait enlever dans le dessein de les lui restituer.

Quatriéme preuve, qui résulte des témoins entendus dans l'information & dans l'enquête de la Dame Dumont; les uns ont vû les deux Revenderesses prendre les marchandises chez la Dame Dumont : les autres ont aidé à porter les marchandises du magasin de la Dame Dumont en la maison des Revenderesses.

Cinquiéme preuve : la restitution d'une partie des marchandises faite par la veuve Lanoue. Cette Revenderesse se seroit-elle avisée de restituer gratuitement à la Dame Dumont des marchandises qui ne lui auroient point appartenues ?

Sixiéme preuve. Le Registre double qui regloit le commerce entre la Dame Dumont & les deux Revenderesses; l'un des doubles étoit entre les mains de la Dame Dumont, qui l'a produit : l'autre étoit entre les mains de la veuve Lanouë, qui l'a representé à l'Audience des Consuls du deux Juillet.

Lors la representation de ce Registre, voicy la declaration de la veuve Lanouë, dont il a esté donné Acte aux Directeurs des Creanciers, laquelle a representé un cahier de papier attaché ensemble en partie écrit, contenant trente-huit pages, lequel est écrit, tant de la main de la Dame Dumont, que par autre de sa part, contenant les marchandises & reçûs concernans le commerce d'entre la veuve Dumont, Picard & sa femme; laquelle femme Picard l'avoit remis à la veuve Lanouë, ainsi qu'elle l'a declaré.

.. Après un tel aveu, dont les Directeurs des Creanciers ont demandé acte : ce qui leur a esté octroyé par une Sentence contradictoire, il est donc certain que la Dame Dumont confioit ses marchandises aux deux Revenderesses; que le Registre faisoit la loy entr'elles, & que les marchandises qui se sont trouvées en nature, appartenoient incontestablement à la Dame Dumont.

Ce qui rend encore cette preuve plus respectable, c'est que les articles des marchandises restituées compris dans la Facture, sont tous écrits sur le Registre double, sans en excepter un seul, comme ayant esté livrées à la Dame Dumont.

L'on a compris l'importance d'une telle preuve, c'est pourquoy l'on a voulu faire valoir la declaration de la veuve Lanouë, qu'elle avoit confié le double du Registre à la Dame Dumont depuis la banqueroute de Picard, & qu'elle y avoit fait des additions.

Ce fait a esté particulierement examiné par les Juges de la Prevôté d'Orleans, ils avoient le double entre les mains, ils l'avoient fait apporter du Greffe des Consuls au Greffe de la Prevôté : ils l'ont representé à la Dame Dumont lors du dernier interrogatoire. Le fait n'est pas tel qu'il avoit esté articulé par la veuve Lanouë; mais voicy en quoy consiste les additions.

Sur la premiere feüille du Registre, qui sert de couverture, il y a écrit en grosses lettres : *Papier des Revenderesses du Portereau, la de Lanouë & la Picard.* L'on a prétendu que ce titre ou étiquet avoit esté ajoûté après coup.

G

Une pareille addition ne meritoit pas d'estre relevée ; car il est fort indifferent que ce Registre ait un titre qui indique son usage, du moment que l'on convient que ce Registre double contient les marchandises livrées par la Dame Dumont, & les payemens des Revenderesses.

La veuve Lanouë a crû que ce titre formoit une Obligation contre elle, en ce qu'elle étoit dénommée : voilà ce qui l'a engagée à soutenir que ce titre avoit esté ajoûté après coup : mais ce n'est point l'intitulé du livre qui forme le droit de la Dame Dumont, c'est la livraison des marchandises faite par la Dame Dumont à la Picard & à la veuve Lanouë : ce sont les ventes faites par les deux Revenderesses conjointement : ce sont les profits des ventes, que la veuve Lanouë est convenuë avoir partagé avec la Picard.

L'autre addition consiste dans la Facture, que l'on a transcrite sur le Registre double ; il étoit bien juste que la Dame Dumont ayant reçû la restitution d'une petite partie de ses marchandises le 18. Juin de la veuve Lanouë, en fît faire mention sur le double du Registre, qui étoit entre les mains de la veuve Lanouë, parce que la Facture des marchandises restituées n'avoit point esté faite double ; la veuve Lanouë a confié le double du Registre qu'elle avoit entre ses mains, pour la transcrire sur son double : c'est ce qui a esté executé ; après quoy le Registre a esté rendu à la veuve Lanoue, qui l'a representé. La Dame Dumont nantie de la Facture, s'est contentée de mettre au nombre des payemens la somme à laquelle montoit le prix des marchandises restituées, comprises dans la Facture.

Ces additions ont donc esté mal à propos reprochées à la Dame Dumont ; aussi les premiers Juges, quoique faciles à lui supposer des crimes, n'ont point compris celui-cy dans leur Sentence.

Il est encore un moyen très-naturel pour faire triompher la preuve qui resulte de ce registre double ; c'est qu'en comparant les articles de la facture qui contient les marchandises restituées avec le registre qui fait mention des marchandises confiées par la Dame Dumont ; on les trouve sur le registre répandus en differentes feüilles & suivis, & & entre-lassez avec d'autres articles non restitués ; ensorte qu'il n'est pas possible que ces articles ayent été ajoûtez.

Septiéme preuve : la veuve Lanouë connoissoit si parfaitement les marchandises qui apartenoient à la Dame Dumont, que dans le nombre de celles qu'elle a restitué le 18. Juin qui montoient à 2346. liv. 16. s. 7. d. elle a sçû distinguer une piéce de toile jaune qui apartenoit à Picard & non à la Dame Dumont.

Si cette piéce de toile de peu de valeur avoit été exceptée de la facture, on auroit dit que la Dame Dumont auroit voulu en profiter gratuitement ; mais du moment qu'elle étoit comprise dans la facture c'étoit une preuve qui ne pouvoit être équivoque que la Dame Dumont n'entendoit point en profiter.

Cette verité devient encore plus sensible par les offres faites par la Dame Dumont de representer cette piéce de toile jaune ou d'en payer la valeur.

La Dame Dumont ne s'est pas contentée de faire ces offres

verbalement & de comprendre cette piéce de toile jaune dans la facture , ce qui eut été suffisant pour prouver l'exactitude de la facture ,
& assurer l'interêt des créanciers ; mais dès le 2. Juillet 1727. elle a
fait signifier la facture , & par la signification elle a déclaré que la piéce de toile jaune comprise dans la facture ne luy apartenoit point ,
qu'elle offroit de la representer ou d'en payer la valeur.

Ces offres verbales & par écrit devoient faire cesser tous les mauvais discours faits au sujet d'un effet d'un prix si mediocre ; mais l'envie de calomnier la Dame Dumont ne l'a pas permis , c'est ce qui
fournit une preuve qui ne peut estre suspecte , que toutes les autres
marchandises contenuës dans la facture du 18. Juin apartenoient à la
Dame Dumont.

Ce témoignage proferé par la veuve Lanoüe qui n'avoit d'autre envie
que de nuire à la Dame Dumont depuis qu'elle avoit formé contre elle la
demande en condamnation solidaire, doit estre d'un grand poids ; elle
estoit bien assûrée que les marchandises apartenoient à la Dame Dumont, puisqu'elle les luy a restituées ; & elle connoissoit si parfaitement
les marchandises apartenantes à la Dame Dumont, qu'elle a sçû distinguer une piéce de toile jaune , d'entre toutes les autres marchandises détaillées dans la facture du 18. Juin qui montent à 2346. liv..
16. s. 7. d.

Huitiéme preuve : La Lettre écrite de Blois au nom de la Picard par
la veuve Lanoue à la Dame Dumont : Lettre qui a été reconnuë ; par
cette lettre il paroît que les deux Revenderesses avoient pris les marchandises qu'elles vendoient à Blois dans le magazin de la Dame Dumont.

L'on a crû effacer ces preuves multipliées par une petite subtilité
sur les expressions dont le deffenseur de la Dame Dumont en cause
principale s'est servy : il a dit que les marchandises avoient été confiées par la Dame Dumont , & quelquefois il luy est echapé de dire
que les marchandises avoient esté vendues par la Dame Dumont, c'est
à dire qu'au defaut de moyens legitimes, l'on a recours à une mise-
rable critique des expressions.

Une telle objection ne peut certainement effacer les preuves que l'on
vient d'expliquer, d'autant plus que dans un sens le mot de vente peut
s'appliquer au commerce de la Dame Dumont avec les deux Revenderesses.

Les marchandises étoient confiées par la Dame Dumont aux deux
Revenderesses ; si elles parvenoient à les vendre, c'étoit une vente, la
Dame Dumont ne pouvoit plus exiger les marchandises en nature , elle
ne pouvoit demander que le prix de la vente. Si les Revenderesses ne
parvenoient point à les vendre , elles avoient la liberté de les raporter,
& l'on écrivoit sur le Registre double, à côté de l'article raporté , le
mot *Rendu* , & dans ce cas ce n'étoit qu'une simple confiance.

De même, dans les circonstances presentes le commerce de la Dame
Dumont & des deux Revenderesses n'est qu'une simple confiance, une
espece de depôt par rapport aux marchandises extantes ; mais à l'é-
gard de celles venduës, dont le prix n'a point esté rapporté , c'est une

vente, pour laquelle la Dame Dumont n'a qu'une action pour se faire payer du prix.

La proprieté des marchandises aussi solidement prouvée, il s'ensuit que la Dame Dumont a pû legitimement en accepter la restitution offerte par la veuve Lanouë, sans pouvoir être accusée de vol ny de complicité de banqueroute : *Apud Labeonem sciptum est, eum qui suum recipiat, nullam videri fraudem facere.* C'est la decision du paragraphe 8. de la Loy 6. ff. *Quæ in fraudem credit.*

Godefroy sur ce paragraphe s'énonce en ces termes : *Qui suum recipit, neminem fraudat.*

La veuve Lanouë, qui à quelque prix que ce fût, vouloit se degager envers la Dame Dumont, a tenté de faire soupçonner la bonne foy de la Dame Dumont dans la restitution qu'elle lui a faite d'une petite partie des marchandises, a declaré qu'elle ne sçavoit point si la Dame Dumont avoit compris dans la Facture du 18. Juin la totalité des marchandises restituées; mais qu'elle sçavoit que la Dame Dumont avoit changé l'étiquet d'une dentelle, qui marquoit 80. liv. l'aulne, & qu'elle n'a repris que sur le pied de 40. liv.

Ce sont-là des discours que l'on oppose contre une preuve litterale; car la Facture a esté faite en presence de la veuve Lanouë, & elle l'a signée.

Indépendamment de cette preuve litterale, il s'en rencontre une autre à laquelle il est difficile de se refuser. La Facture a esté faite avec une telle exactitude, que l'on y a compris une piece de toile jaune, qui faisoit partie des marchandises restituées, & neanmoins qui n'appartenoit point à la Dame Dumont; elle a offert de la réprésenter, ou d'en payer la valeur. Cette circonstance, que le hazard a produite, ne permet pas de douter de la sincerité & de l'exactitude de la Facture.

A l'égard du changement de l'étiquet de la piece de dentelle, la Dame Dumont avoit confié cette piece de dentelle aux deux Revenderesses sur le pied de 40. liv. l'aulne; il avoit plû aux deux Revenderesses, pour tromper l'acheteur, & se procurer un profit, outre celui que la Dame Dumont leur accordoit, de changer l'étiquet, & d'en substituer un autre, qui marquoit 80. liv. l'aulne. La Dame Dumont s'est apperçue de cette tricherie, elle a supprimé l'étiquet des Revenderesses, & rétabli les choses en leur premier état; ensorte qu'elle a repris la dentelle pour le même prix qu'elle l'avoit confiée.

QUATRIEME PROPOSITION.

S'il y avoit du doute sur la proprieté des marchandises, les Directeurs des Creanciers n'avoient qu'une action purement civile contre la Dame Dumont, peur les lui faire rapporter.

Cette proposition s'établit par la disposition de l'article 4. du titre 11. de l'Ordonnance de 1673.

Cet article, dans le cas des ventes, cessions ou transports de biens meubles ou immeubles, que l'on suppose en fraude des Creanciers,

n'ordonne

n'ordonne que le rapport à la maſſe commune des effets.

Les Directeurs des créanciers de Picard ont été perſuadez de cette verité ; ils avoient d'abord procedé au Civil contre la Dame Dumont; ils ont demandez d'eſtre reçûs parties intervenantes aux Conſuls ; ils y ont eſté reçûs par les Sentences des 21. Juin & 2. Juillet 1727. Cette démarche de la part des Directeurs des créanciers , fournit encore un moyen victorieux pour faire anéantir toute la procedure criminelle faite en la Prévôté d'Orleans contre la Dame Dumont.

C'eſt un principe certain que dans le concours de deux actions, l'une au Civile, l'autre au Criminel , le choix de l'une fait ceſſer l'autre *una electa altera perimitur.*

Ce principe eſt écrit dans un grand nombre de Loix : les Loix 53. ff. *de oblig.* (a) *act.* & 43 ff. *de reg. jur. Si plures actiones naſcantur, una tantum modo, non omnibus utendum eſt.*

Mais ſans recourir à la diſpoſition du Droit Romain , l'Ordonnance de 1667. le décide formellement.

L'art. 2. du titre 18. permet à celuy qui a eſté dépoſſedé par violence ou voye de fait de demander la réintegrande par action Civile & ordinaire ou extraordinairement par action criminelle , & l'article ajoûte , & s'il a choiſi l'une de ces deux actions , il ne pourra ſe ſervir de l'autre.

Ce qui eſt arrivé dans cette affaire prouve la neceſſité & l'équité du principe ; l'uſage que les Directeurs des créanciers ont fait des deux actions, a produit deux procedures, l'une aux Conſuls, l'autre en la Prévôté , ce qui engendre des frais immenſes.

Ce n'eſt pas le ſeul inconvenient qu'à produit l'uſage des deux actions ; il en eſt encore un autre qui n'eſt pas moins conſiderable , c'eſt que les Juges de la Prévôté d'Orleans ſe trouvent avoir jugé des conteſtations qui étoient pendantes en la Cour & aux Conſuls.

Il y avoit donc néceſſité d'opter l'une des deux actions ; l'action civile avoit été introduite aux Conſuls par la Requeſte preſentée par la Dame Dumont dès le 17. Juin contre Picard & ſa femme & la veuve Lanoue ; il a plû aux Directeurs des créanciers de demander d'eſtre reçûs parties intervenantes dans cette inſtance ; ils y ont eſté reçûs par deux Sentences ; ils n'ont donc pas pû ſuivre la procedure criminelle en la Prévôté d'Orleans, qui n'a commencé que le 19. Juin , les decrets ne ſont que du 22. Juillet ; la Requeſte de la Dame Dumont aux Conſuls eſt du 17. Juin ; les Sentences qui reçoivent les Directeurs des créanciers parties intervenantes ſont des 21. Juin & 2. Juillet.

Il eſt de la juſtice de la Cour d'anéantir une procedure monſtrueuſe, que l'avidité d'un Procureur en la Prevôté d'Orleans, creancier d'une ſomme de 30. l. a enfanté contre une creanciere legitime d'une ſomme de 12178. liv. 1. ſol 3. den. déduction faite des effets reſtituez.

Après avoir démontré l'injuſtice de la Sentence dont eſt appel, l'on croit pouvoir ſe diſpenſer de répondre à l'appel interjetté de la même Sentence par les Directeurs des Creanciers, que l'on peut regarder comme une véritable dériſion.

F